JEUX DE MOTS

LES ADJECTIFS

Stéphane Vallée

Illustrations : Jonathan Charland

Conception graphique : Sylvie Tétreault

Mise en pages : Infoscan Collette

Révision : Michel Therrien, François Therrien et Marie-Josée Morin

Correction d'épreuves : Audrey Faille

Imprimé au Canada

ISBN : 978-2-89642-076-6

Dépôt légal – Bibliothèque et Archives nationales du Québec, 2008

Nous reconnaissons l'aide financière du gouvernement du Canada par l'entremise du Programme d'aide au développement de l'industrie de l'édition (PADIÉ) pour nos activités d'édition.

Canadä

Visitez le site des Éditions Caractère
editionscaractere.com

TABLE DES MATIÈRES

Les adjectifs

4 étapes simples :

1. Complétez l'épreuve de qualification, consultez le corrigé et allouez 1 point par bonne réponse.
2. Selon votre score, établissez le nombre d'exercices d'entraînement à faire en vous référant au tableau ci-dessous.
3. Consolidez vos acquis ou assimilez de nouvelles connaissances en lisant la section *Chez l'entraîneur.*
4. Faites les exercices requis pour vous améliorer.

INTERPRÉTATION DES RÉSULTATS

Si vous avez obtenu **entre 20 et 25 points**, vous êtes un(e) champion(ne) dans le domaine, et vous n'avez probablement pas besoin de faire d'exercices d'entraînement, sauf si vous le souhaitez vraiment.	Si vous avez obtenu **entre 15 et 19 points**, vous vous débrouillez assez bien, mais vous devez faire au moins un exercice pour parfaire vos connaissances.	Si vous avez obtenu **14 points ou moins**, vous devez absolument faire les trois exercices, car «c'est en forgeant qu'on devient forgeron».

LE FÉMININ DES ADJECTIFS QUALIFICATIFS

ÉPREUVE DE QUALIFICATION

Mettez au féminin les adjectifs qualificatifs qui sont soulignés.

1. Le Douanier Rousseau faisait de la peinture **naïf**. _____

2. L'hypnose permet de découvrir une vie **antérieur**. _____

3. Félix ne pouvait dormir dans cette chambre **exigu**. _____

4. C'est une difficulté **bénin** que tu surmonteras. _____

5. Une fillette **coquet** participe au défilé de mode. _____

6. Georges ne pense plus à son **ancien** flamme. _____

7. Nous prendrons une **léger** collation en matinée. _____

8. Veux-tu connaître ma philosophie **personnel**? _____

9. Je pratique cette activité **sportif** depuis peu. _____

10. Vous riposterez avec une offre **concurrentiel**. _____

11. Se trouver un emploi n'est qu'une solution **partiel**. _____

12. Le chirurgien pratique une intervention **délicat**. _____

13. Nous prêterons une oreille **attentif** à ses idées. _____

14. Ils campent dans une roulotte **spacieux**. _____

15. Les vaches boivent de l'eau **frais**. _____

16. Loraine travaille pour une firme **indépendant**. _____

17. Une remarque **opportun** fut faite pendant la réunion. _____

18. Cette lime **amer** te fait grimacer. _____

19. Les enfants contemplent une sculpture **esquimau**. _____

20. Émilie était **rêveur**: elle pensait à son bûcheron. _____

21. Sa victime eut l'idée **vengeur** de brûler sa maison. _____

22. Il y a eu une **net** amélioration dans ton comportement. _____

23. Nous vous servirons une **bon** soupe aux légumes. _____

24. Je m'emmitouflerai dans une couverture **douillet**. _____

25. Ton analyse de la situation est **incomplet**. _____

Chez l'entraîneur

Les adjectifs qualificatifs s'accordent en genre (masculin ou féminin) avec les noms communs qu'ils qualifient:

De façon générale, les adjectifs qualificatifs prennent un E au féminin:

Ex.: *Maxence est un bricoleur* **maladroit.** → *Margot est une bricoleuse* **maladroite.**
L'hippopotame est plutôt **gourmand.** → *La baleine est plutôt* **gourmande.**

Les adjectifs qualificatifs qui se terminent par un C forment le féminin en QUE ou en CHE:

Ex.: *Florian est un homme* **franc.** → *Florence est une femme* **franche.**
Nous prendrons le transport **public.** → *Nous roulerons sur la voie* **publique.**

Les adjectifs qualificatifs qui se terminent par EAU forment le féminin en ELLE:

Ex.: *Le paysage est si* **beau.** → *La nature est si* **belle.**
Il a perdu son **nouveau** *foulard.* → *Il s'est acheté une* **nouvelle** *cravate.*

Les adjectifs qualificatifs qui se terminent par EL forment le féminin en ELLE:

Ex.: *Mon rêve semblait tellement* **réel.** → *Tu as besoin d'une preuve* **réelle.**
Ce fut un spectacle **sensationnel!** → *C'est une nouvelle* **sensationnelle!**

Les adjectifs qualificatifs qui se terminent par EIL forment le féminin en EILLE:

Ex.: *Mon blouson est* **pareil** *au tien.* → *Ma chemise est* **pareille** *à la tienne.*
Regarde ce fleuron **vermeil.** → *Le prince embrassa sa bouche* **vermeille.**

Les adjectifs qualificatifs qui se terminent par EN forment le féminin en ENNE:

Ex.: *Quel est le poids* **moyen** *du lion?* → *Marina est de taille* **moyenne.**
J'étudie le peuple **égéen.** → *Connais-tu la civilisation* **égéenne?**

Les adjectifs qualificatifs qui se terminent par ER forment le féminin en ÈRE:

Ex.: *Vous humez ce parfum* **printanier.** → *La floraison* **printanière** *m'exalte.*
Le panneau **routier** *ballotte au vent.* → *Tu aurais besoin d'une carte* **routière.**

Les adjectifs qualificatifs qui se terminent par ET forment le féminin en ETTE:

Ex.: *Ce cochon* **grassouillet** *couine.* → *Cette dinde* **grassouillette** *glougloute.*
Oscar sera **muet** *comme une tombe.* → *Leila était* **muette** *comme une carpe.*

Sauf COMPLET, CONCRET, DÉSUET, DISCRET, INCOMPLET, INDIS-CRET, INQUIET, REPLET et SECRET qui forment le féminin en ÈTE:

Ex.: *Je t'offre un repas* **complet** *à 5 $.* → *Il passa une année* **complète** *à Venise.*
Nous déchiffrerons ce code **secret.** → *Je connais une entrée* **secrète.**

Les adjectifs qualificatifs qui se terminent par EUR forment le féminin en EUSE:

> Ex.: *C'est un refrain **accrocheur**! → C'est une mélodie **accrocheuse**!*
> *Jean-Baptiste a un esprit **frondeur**. → Sonia a une personnalité **frondeuse**.*

Sauf ANTÉRIEUR, EXTÉRIEUR, INFÉRIEUR, INTÉRIEUR, MAJEUR, MEILLEUR, MINEUR, POSTÉRIEUR, SUPÉRIEUR et ULTÉRIEUR qui forment le féminin en EURE, ainsi que PÉCHEUR et VENGEUR qui forment le féminin en ERESSE:

> Ex.: *Il aménage un jardin **intérieur**. → Sa chambre donne sur une cour **intérieure**.*
> *Il offre un rendement **supérieur**. → Ta mâchoire **supérieure** se disloque.*

Les adjectifs qualificatifs qui se terminent par EUX forment le féminin en EUSE:

> Ex.: *Cyril souffre d'un tic **nerveux**. → Daphné fait une dépression **nerveuse**.*
> *Il se retrouva dans un fossé **bourbeux**. → N'emprunte pas la piste **bourbeuse**.*

Les adjectifs qualificatifs qui se terminent par un F forment le féminin en VE:

> Ex.: *Garde ton esprit **positif**. → J'attends une réponse **positive**.*
> *Je prononcerai un **bref** discours → Elle donnera une **brève** explication.*

Les adjectifs qualificatifs qui se terminent par un G forment le féminin en GUE:

> Ex.: *Ce **long** tuyau mesure plusieurs mètres. → Je crois que la journée sera **longue**.*

Les adjectifs qualificatifs qui se terminent par GU forment le féminin en GUË:

> Ex.: *Pourquoi est-ce un angle **aigu**? → Ce garçon possède une voix **aiguë**.*
> *Le séjour est **contigu** à l'entrée. → Ma maison est **contiguë** à la tienne.*

Les adjectifs qualificatifs qui se terminent par IEN forment le féminin en IENNE:

> Ex.: *Il feuillette son journal **quotidien**. → Elle récite sa prière **quotidienne**.*
> *Un câble **aérien** traverse la rue. → L'avion exécutait une figure **aérienne**.*

Les adjectifs qualificatifs qui se terminent par ON forment le féminin en ONNE:

> Ex.: *Quel personnage **bouffon**! → Quelle blague **bouffonne**!*
> *Cet adolescent **maigrichon** veut grossir. → La ballerine **maigrichonne** dansait.*

Les adjectifs qualificatifs qui se terminent par OT forment le féminin en OTE:

> Ex.: *Il émit un commentaire **idiot**. → Je ne veux pas de réponse **idiote**.*
> *L'ouvrier **manchot** commet des erreurs. → Cette acrobate **manchote** m'épate.*

Sauf BELLOT, BOULOT, MAIGRIOT, PÂLOT, SOT et VIEILLOT qui forment le féminin en OTTE :

> Ex. : *Ton visage me semble **pâlot**. → Cette poupée a une frimousse **pâlotte**.*
> *Il n'y a pas de **sot** métier. → Encore une question **sotte** et je quitte !*

Les adjectifs qualificatifs qui se terminent par une voyelle suivie de S ou X forment leur féminin en SE :

> Ex. : *Ce virus s'avérait **sournois**. → Cette maladie se montre **sournoise**.*
> *Il veillait sur elle avec un soin **jaloux**. → Anne est **jalouse** de ta fortune.*

Sauf BAS, ÉPAIS, FAUX, GRAS, GROS, MÉTIS et ROUX qui forment le féminin en SSE, ainsi que DOUX qui forme son féminin en CE :

> Ex. : *Tu ne peux coudre ce tissu **épais**. → La tortue a une **épaisse** carapace.*
> *Son poil est **doux** comme du velours. → Sa peau est **douce** comme du satin.*

Les adjectifs qualificatifs qui se terminent par TEUR forment le féminin en TRICE :

> Ex. : *Il fit un geste **provocateur**. → Elle lança une parole **provocatrice**.*
> *Je lui jetai un regard **accusateur**. → Tu m'écrivis une lettre **accusatrice**.*

Sauf ENCHANTEUR qui forme le féminin en ERESSE :

> Ex. : *Notre séjour à Rome fut **enchanteur**. → Vous avez une voix **enchanteresse**.*

Les adjectifs qualificatifs BEAU, FOU, MOU, NOUVEAU et VIEUX qui sont tirés des formes anciennes BEL, FOL, MOL, NOUVEL et VIEIL (toujours d'usage devant un nom commun masculin débutant par une voyelle ou un H muet) forment le féminin en LLE à partir ce des dernières :

> Ex. : *Le beurre **mou** se tartine mieux. → Cette pâte **molle** durcira à la cuisson.*
> *C'est un projet carrément **fou** ! → Sa chevelure **folle** m'a séduit.*

Les adjectifs qualificatifs ANGORA, AUDIO, BABA, CAPOT, CHIC, GAGA, GNANGNAN, MASTOC, RIQUIQUI, ROCOCO, ROSAT, SNOB, STANDARD et TÉMOIN conservent leur forme masculine même s'ils qualifient des mots accordés au féminin :

> Ex. : *Tu enregistres un fichier **audio**. → J'écoute une bande **audio**.*
> *Voici un fauteuil **rococo**. → Voilà une chaise **rococo**.*

Les adjectifs qualificatifs DEMI, MI, NU et SEMI restent au masculin seulement lorsqu'ils sont placés devant le nom. Ils se joignent alors à celui-ci par un trait d'union :

> Ex. : *Ce gamin joue dehors tête **nue**. → Cette gamine joue dehors **nu**-tête.*
> *Nous reviendrons à la **mi**-novembre. → Edgar apprécie sa **semi**-retraite.*

Les adjectifs qualificatifs qui suivent l'expression AVOIR L'AIR s'accordent avec le sujet si celui-ci est un nom d'objet inanimé ou de chose, ou si le sujet est un nom d'animal ou de personne, et que l'expression AVOIR L'AIR est synonyme de PARAÎTRE ou de SEMBLER. Autrement, les adjectifs qualificatifs s'accordent avec le mot AIR :

>   Ex.: *Ce gratin a l'air **appétissant**. → Cette lasagne a l'air **appétissante**.*
>   *Ta voisine a l'air **plaisantin**. → Ta voisine avait l'air **surprise**.*

Note : La même règle s'applique dans le cas du pluriel.

Quelques adjectifs qualificatifs font exception aux règles établies lorsqu'ils forment le féminin :

>   *Je savoure ce mets **andalou**. → Elle vibrait au son de la musique*
>   ***andalouse**.*
>   *C'est mon livre **favori**. → C'est mon histoire **favorite**.*
>   *Notre serveur était plutôt **gentil**. → Océane est une **gentille** personne.*
>   *L'alphabet **hébreu** est complexe. → Ce livre traite de la culture*
>   ***hébraïque**.*
>   *Ce filou est **malin** comme un singe. → Le médecin lui enleva sa tumeur*
>   ***maligne**.*
>   *Ce film d'horreur est franchement **nul** ! → La visibilité était **nulle**.*
>   *Ce ragoût **paysan** contient du bœuf. → La vie **paysanne** me plaît vraiment.*
>   *Ce clown paraît **rigolo**. → Ton histoire semblait pourtant **rigolote**...*
>   *Un **tiers** individu nous rejoignit. → Une **tierce** personne s'affilia au*
>   *groupe.*

À L'ENTRAÎNEMENT

ÉCHELON 1 ••• LE BLOC-NOTES

Accordez correctement les adjectifs qualificatifs qui sont entre parenthèses et écrivez-les à la page suivante.

Voici une liste d'éléments qui feront de nous des superhéros capables de vaincre n'importe quel adversaire :

a)   une tenue **(vaporeux)** pour nous mouvoir avec aisance

b)   une égide **(protecteur)** comme celle de Zeus

c)   une clairvoyance **(surnaturel)** pour anticiper les cataclysmes

d)   une vision **(pétrifiant)** pour neutraliser l'ennemi

e)   une dague **(lumineux)** qui transperce le blindage

f)   une stature **(massif)** pour défendre la veuve et l'orphelin

g)   une arme **(compact)** à utiliser en dernier ressort

h)   une souplesse **(sidérant)** pour nous extirper de tout guet-apens

i)   une avancée **(furtif)** pour éviter les regards indiscrets

j)   une force **(inouï)** pour terrasser les colosses

k)   une vision **(phénoménal)** qui permet de voir à travers les murs

l)   une puissance **(prodigieux)** pour soulever des wagons de train

m)   une voix **(tonitruant)** pour assourdir nos opposants

n)   une poigne **(vigoureux)** pour tordre le métal

o)   une chanson **(guerrier)** pour nous donner du courage

p)   une volubilité **(inventif)** pour charmer les groupies

q)   une vélocité **(hallucinant)** pour toujours être au rendez-vous

r)   une fragilité **(évanescent)** pour montrer que nous sommes humains

s)   une cachette **(souterrain)** dans laquelle nous dissimuler

t)   une bouille **(amical)** pour attirer la sympathie des gens

a) ....

b) ....

c) ....

d) ....

e) ....

f) ....

g) ....

h) ....

i) ....

j) ....

k) ....

l) ....

m) ....

n) ....

o) ....

p) ....

q) ....

r) ....

s) ....

t) ....

CORRIGÉ À LA PAGE 15

ÉCHELON 2 ••• L'ACROSTICHE

Accordez correctement les adjectifs qualificatifs qui sont entre parenthèses et transcrivez-les dans l'ordre afin de remplir l'acrostiche à la page suivante.

a) Mes lentilles trempent dans une solution **(aqueux)**.

b) Ce naturaliste a réfuté la théorie **(darwinien)** de l'évolution.

c) Cette adepte de bandes dessinées se prend pour une héroïne **(judicieux)**.

d) Tu n'absorberas pas cette boisson **(effervescent)** sans ma permission !

e) Pourquoi cette humeur **(chagrin)** malgré le gazouillis des moineaux ?

f) Il faut adopter une attitude **(tolérant)** envers les immigrants.

g) C'est la conséquence **(immédiat)** de tes agissements.

h) Une fée **(falot)** pénétra dans la chambre de la princesse.

i) Assisterez-vous à la réunion **(quinquennal)** ?

j) L'Exposition **(universel)** de Montréal eut lieu en 1967.

k) Nettoyons cette baignoire avec une poudre **(abrasif)**.

l) Ce chanteur rock étale sa crinière **(léonin)**.

m) Une pluie **(intermittent)** tombera sur la région.

n) La science requiert une donnée **(factuel)**.

o) Le fakir marche sur la braise **(incandescent)**.

p) Une couette **(citrin)** recouvrait son lit.

q) Sa généalogie est représentée dans une structure **(arborescent)**.

r) Une silhouette **(ténébreux)** m'épiait du fond du placard.

s) Sa peur **(irrationnel)** des avions l'empêche de voyager.

t) Tu portes encore cette **(fichu)** veste à carreaux !

A
D
J
E
C
T
I
F

Q
U
A
L
I
F
I
C
A
T
I
F

JUGE

ÉCHELON 3 ••• L'ACCORDÉON

Accordez correctement les adjectifs qualificatifs qui sont soulignés.

a) Alain s'exerce pour avoir une écriture **minutieux**. _____

b) Sa démonstration devrait être assez **convaincant**. _____

c) Cette coutume **caduc** me rappelle mon enfance. _____

d) Le gouvernement leur apportera une aide **financier**. _____

e) Une **audacieux** rochassière escalada le rocher du diable. _____

f) La musique **actuel** me casse les oreilles. _____

g) Cet individu portait une **faux** barbe. _____

h) Cette critique **ambigu** me décontenance. _____

i) La longévité **normal** d'un chien est de douze ans. _____

j) L'inspiration **créateur** lui permet d'écrire ses romans. _____

k) La belle-mère **laideron** de Cendrillon pleura longtemps. _____

l) Sa chevelure **épars** trahissait son âge avancé. _____

m) Une photo **flou** était son seul indice... _____

n) Une clôture **mitoyen** séparait les terrains. _____

o) Le fleuriste voulait me vendre une fleur **artificiel**. _____

p) Nous nous sommes réfugiés dans une église **anglican**. _____

q) Une bataille **naval** donna le coup d'envoi à la guerre. _____

r) La saison **sec** sévissait en Afrique. _____

s) La chanteuse entamera sa tournée **mondial**. _____

t) Vous recevrez une facture **mensuel**. _____

u) La **vilain** sorcière chevaucha son balai. _____

v) Votre salade **grec** contient du fromage feta. _____

w) Cette skieuse **hardi** exécute des pirouettes. _____

x) Sa démarche **rigoureux** donna des résultats. _____

y) L'armée **triomphant** défilait dans les rues. _____

CORRIGÉ DE L'ÉPREUVE DE QUALIFICATION

LE FÉMININ DES ADJECTIFS QUALIFICATIFS

1. Le Douanier Rousseau faisait de la peinture **naïve**.

2. L'hypnose permet de découvrir une vie **antérieure**.

3. Félix ne pouvait dormir dans cette chambre **exiguë**.

4. C'est une difficulté **bénigne** que tu surmonteras.

5. Une fillette **coquette** participe au défilé de mode.

6. Georges ne pense plus à son **ancienne** flamme.

7. Nous prendrons une **légère** collation en matinée.

8. Veux-tu connaître ma philosophie **personnelle** ?

9. Je pratique cette activité **sportive** depuis peu.

10. Vous riposterez avec une offre **concurrentielle**.

11. Se trouver un emploi n'est qu'une solution **partielle**.

12. Le chirurgien pratique une intervention **délicate**.

13. Nous prêterons une oreille **attentive** à ses idées.

14. Ils campent dans une roulotte **spacieuse**.

15. Les vaches boivent de l'eau **fraîche**.

16. Loraine travaille pour une firme **indépendante**.

17. Une remarque **opportune** fut faite pendant la réunion.

18. Cette lime **amère** te fait grimacer.

19. Les enfants contemplent une sculpture **esquimaude**.

20. Émilie était **rêveuse** : elle pensait à son bûcheron.

21. Sa victime eut l'idée **vengeresse** de brûler sa maison.

22. Il y a eu une **nette** amélioration dans ton comportement.

23. Nous vous servirons une **bonne** soupe aux légumes.

24. Je m'emmitouflerai dans une couverture **douillette**.

25. Ton analyse de la situation est **incomplète**.

CORRIGÉ DES EXERCICES D'ENTRAÎNEMENT

LE FÉMININ DES ADJECTIFS QUALIFICATIFS

ÉCHELON 1 ••• LE BLOC-NOTES

a) vaporeuse

b) protectrice

c) surnaturelle

d) pétrifiante

e) lumineuse

f) massive

g) compacte

h) sidérante

i) furtive

j) inouïe

k) phénoménale

l) prodigieuse

m) tonitruante

n) vigoureuse

o) guerrière

p) inventive

q) hallucinante

r) évanescente

s) souterraine

t) amicale

ÉCHELON 2 ••• L'ACROSTICHE

A	Q	U	E	U	S	E			
D	A	R	W	I	N	I	E	N	N	E
J	U	D	I	C	I	E	U	S	E
E	F	F	E	R	V	E	S	C	E	N	T	E
C	H	A	G	R	I	N	E
T	O	L	E	R	A	N	T	E
I	M	M	E	D	I	A	T	E
F	A	L	O	T	E

Q	U	I	N	Q	U	E	N	N	A	L	E
U	N	I	V	E	R	S	E	L	L	E
A	B	R	A	S	I	V	E
L	E	O	N	I	N	E
I	N	T	E	R	M	I	T	T	E	N	T	E
F	A	C	T	U	E	L	L	E
I	N	C	A	N	D	E	S	C	E	N	T	E
C	I	T	R	I	N	E
A	R	B	O	R	E	S	C	E	N	T	E
T	E	N	E	B	R	E	U	S	E
I	R	R	A	T	I	O	N	N	E	L	L	E
F	I	C	H	U	E

ÉCHELON 3 ••• L'ACCORDÉON

a) minutieuse

b) convaincante

c) caduque

d) financière

e) audacieuse

f) actuelle

g) fausse

h) ambiguë

i) normale

j) créatrice

k) laideronne

l) éparse

m) floue

n) mitoyenne

o) artificielle

p) anglicane

q) navale

r) sèche

s) mondiale

t) mensuelle

u) vilaine

v) grecque

w) hardie

x) rigoureuse

y) triomphante

LE PLURIEL DES ADJECTIFS QUALIFICATIFS

ÉPREUVE DE QUALIFICATION

Accordez correctement les adjectifs qualificatifs qui sont placés entre parenthèses.

1. Des marathoniens **(ruisselant)** de sueur franchirent le fil d'arrivée. _____

2. Les robots exécutent des gestes **(machinal)**. _____

3. Les aliments sont stockés dans des entrepôts **(frigorifique)**. _____

4. Ces jeunes l'accablaient de propos **(calomnieux)**. _____

5. Des avions **(supersonique)** survolaient les environs. _____

6. Cette toile comporte des tons **(subtil)** de bleu. _____

7. Des journalistes communiqueront les décrets **(ministériel)**. _____

8. Ce mordu de maths effectue des calculs **(mental)**. _____

9. Les séismes et les ouragans sont des phénomènes **(naturel)**. _____

10. Nous visiterons des temples **(hébreu)**. _____

11. Ce tank a subi plusieurs impacts **(brutal)**. _____

12. Les chats **(angora)** perdent leurs poils sur le tapis. _____

13. Ces femmes revêtent des décolletés **(profond)**. _____

14. Des édifices **(mastoc)** composent cette mégalopole. _____

15. Les discours de l'ambassadeur sont **(interminable)**. _____

16. Des vents **(glacial)** me gelaient les phalanges. _____

17. Les Aztèques procédaient à des sacrifices **(rituel)**. _____

18. Les croquis de cet artiste étaient plutôt **(banal)**. _____

19. Mégane captura des papillons **(versicolore)**. _____

20. Tu aimes caresser ses cheveux **(soyeux)** ? _____

21. Les milliardaires sont des gens très **(ordinaire)**. _____

22. Les exercices **(matinal)** sont énergisants. _____

23. Cette parfumerie produit des arômes **(rosat)**. _____

24. Ses prouesses **(légendaire)** passèrent à l'histoire. _____

25. Des militants **(pacifiste)** organisent une marche. _____

CHEZ L'ENTRAÎNEUR

Les adjectifs qualificatifs s'accordent en nombre (singulier ou pluriel) avec les noms communs qu'ils qualifient :

De façon générale, les adjectifs qualificatifs prennent un S au pluriel :

> Ex. : *C'était un dîner **fantastique** ! → Les contes regorgent d'animaux*
> ***fantastiques**.*
> *Il utilise de l'équipement **obsolète**. → Tes manières sont **obsolètes**.*

Sauf BEAU, HÉBREU, JUMEAU, ESQUIMAU et NOUVEAU qui forment leur pluriel en y ajoutant un X :

> Ex. : *Elle habite dans un **beau** quartier. → Nous avons de **beaux** enfants.*
> *Théo est ton frère **jumeau** ? → Ils dorment dans des lits **jumeaux**.*

Les adjectifs qualificatifs qui se terminent par un S ou un X ne changent pas de forme au pluriel :

> Ex. : *Le visage du monstre était **hideux**. → Vous perpétrez des crimes **hideux** !*
> *Il enterra son lapin dans un endroit **précis**. → Nous suivons des ordres*
> ***précis**.*

Les adjectifs qualificatifs qui se terminent par AL forment le pluriel en AUX :

> Ex. : *Un vent **automnal** soufflait. → Les paysages **automnaux** me ravissent.*
> *C'est un concept **génial** ! → Ses conseils sont loin d'être **géniaux** !*

Sauf BANAL, BANCAL, FATAL, FRACTAL, NAVAL et TONAL qui forment leur pluriel en y ajoutant un S :

> Ex. : *L'accident fut **fatal**. → Certains cancers s'avèrent **fatals**.*
> *Le circuit **naval** sera contourné. → Mon oncle bosse dans les chantiers*
> ***navals**.*

Les deux formes (ALS ou AUX) sont admises pour AUSTRAL, BITONAL, BORÉAL, CAUSAL, CHORAL, FINAL, GLACIAL, IDÉAL, JOVIAL, MARIAL, NASAL, NÉO-NATAL, PASCAL, PÉRINATAL, POSTNATAL, PRÉNATAL, TOMBAL et TRIBAL :

> Ex. : *Les combats **finals** se tiendront demain. → J'ai fait mes examens **finaux**.*
> *Nous ferons des contrôles **prénatals**. → Marilyne suit des cours*
> ***prénataux**.*

Les adjectifs qualificatifs DEMI, MI, NU et SEMI restent au singulier seulement lorsqu'ils sont placés devant le nom. Ils se joignent alors à celui-ci par un trait d'union :

Ex.: *Tu marches pieds **nus** dans la neige. → Tu marches **nu**-pieds dans la neige.*
*Qui étaient les **demi**-dieux grecs ? → Nous prendrons des **demi**-litres de vin.*

Les adjectifs qualificatifs AUDIO, BABA, CAPOT, GNANGNAN, MASTOC, RIQUIQUI, ROCOCO et ROSAT demeurent invariables s'ils qualifient des mots accordés au pluriel :

Ex.: *As-tu lu ce texte **gnangnan** ? → Les citadins **gnangnan** se traînaient les pieds.*
*Il m'a laissé un pourboire **riquiqui**. → Ils portaient des costumes **riquiqui**.*

À L'ENTRAÎNEMENT

◄► ÉCHELON 1 ••• **LE BLOC-NOTES**

Accordez correctement les adjectifs qualificatifs qui sont entre parenthèses et écrivez-les à la page suivante.

Voici les activités que je me propose de faire au mois de juillet :

a) courir les bazars **(estival)**

b) expérimenter des manèges **(palpitant)**

c) concocter des repas **(gastronomique)**

d) composer des arrangements **(floral)**

e) remplacer les meubles de jardin **(vétuste)**

f) cueillir des bleuets **(savoureux)**

g) aménager des terrariums **(complexe)**

h) réparer les objets **(défaillant)**

i) participer à des chants **(choral)**

j) acheter des vêtements **(neuf)**

k) organiser des festins **(champêtre)**

l) planter des fleurs **(indigène)**

m) orchestrer des rallyes **(aventureux)**

n) visiter les parcs **(zoologique)**

o) nager dans les lacs **(clair)**

p) boire des cocktails **(désaltérant)**

q) pratiquer des sports **(tonifiant)**

r) arpenter les sentiers **(forestier)**

s) observer des insectes **(bizarre)**

t) fainéanter les jours **(caniculaire)**

Enfin, si j'ai le temps, je ferai de l'équitation et je sauterai en parachute.

C'est fâcheux que nous ne soyons qu'au mois de février…

a) ....

b) ....

c) ....

d) ....

e) ....

f) ....

g) ....

h) ....

i) ....

j) ....

k) ....

l) ....

m) ....

n) ....

o) ....

p) ....

q) ....

r) ....

s) ....

t) ....

CORRIGÉ À LA PAGE 25

ÉCHELON 2 ••• LE PENDU

Complétez les adjectifs qualificatifs en les accordant correctement.

a) Des événements **désastr** _ _ _ s'étaient produits la veille.

b) Les systèmes **patriarc** _ _ _ ont fait leur temps.

c) Ses clients se sont montrés **rébarbat** _ _ _ envers son concept.

d) Les codes **pén** _ _ _ de certains pays sont basés sur la religion.

e) Les parents de Jeannette ont toujours été très **stric** _ _ .

f) D'innombrables systèmes **planétai** _ _ _ composent notre galaxie.

g) Plusieurs sociétés bafouent les droits **fondament** _ _ _ de leurs citoyens.

h) Cette starlette porte souvent des vêtements **extravag** _ _ _ _ _ .

i) Les individus **ambidext** _ _ _ utilisent autant la main droite que la main gauche.

j) Grâce à nos muscles **faci** _ _ _ , nous pouvons sourire et grimacer.

k) Des liens **indissolub** _ _ _ unissaient ces copains d'enfance.

l) Les pharaons se considéraient **immort** _ _ _ comme leurs dieux.

m) Les mariés échangèrent leurs anneaux **nupti** _ _ _ devant le prêtre.

n) Les fonds **océani** _ _ _ _ regorgent de créatures étranges.

o) Les gendarmes intercepteront les colis **suspec** _ _ .

p) Nous produisons certains sons à l'aide de mouvements **labi** _ _ _ .

q) Vous dites que vous avez reçu des lettres **anonym** _ _ ...

r) Soyez **attent** _ _ _ parce que je ne répéterai pas les consignes !

s) Pourquoi les hérissons ont-ils des poils **piquan** _ _ ?

t) Je n'arrivais pas à distinguer les contours **flou** _ de l'objet.

JUGE

CORRIGÉ À LA PAGE 25

ÉCHELON 3 ••• L'ACCORDÉON

Écrivez correctement les adjectifs qualificatifs qui sont entre parenthèses.

a) Ce nageur se plaît à exhiber ses muscles **(abdominal)**. _____

b) Les clients de l'hôtel dorment sur des matelas **(douillet)**. _____

c) Nos gardiens de nuit seront plus **(vigilant)** à l'avenir. _____

d) Les critiques furent **(impitoyable)** envers son premier roman. _____

e) Ces illusionnistes accomplissent des exploits **(phénoménal)**. _____

f) Les policiers ont saisi des enregistrements **(audio)**. _____

g) Les travailleurs exécutent des mouvements **(machinal)**. _____

h) Les cochons **(grassouillet)** couinent en voyant leur nourriture. _____

i) Les tambourineurs jouaient des rythmes **(tonal)**. _____

j) Des baigneurs **(nu)** fréquentent cette plage. _____

k) Avec des papiers **(translucide)**, tu peux faire des abat-jour. _____

l) Le curé du village voudrait créer des comités **(paroissial)**. _____

m) Ces enfants **(affectueux)** couvrent leur mère de bisous. _____

n) Cesse de me grattouiller ! J'ai les pieds **(chatouilleux)** ! _____

o) Les funambules laissèrent les spectateurs **(gaga)**. _____

p) Ces financiers étrennent leurs **(nouveau)** habits. _____

q) Ces viennoiseries et ces biscuits sont **(exquis)**. _____

r) Lorsque l'hiver se pointe, Anaïs sort ses lainages **(épais)**. _____

s) Des événements **(catastrophique)** pourraient survenir. _____

t) Au colloque, Mathieu a rencontré des **(chic)** types. _____

u) Ces mannequins ne sont pas aussi **(beau)** que toi. _____

v) Donne-moi des exemples **(concret)** afin que je comprenne. _____

w) Sa patiente souffre de maux de tête **(occasionnel)**. _____

x) Lorsqu'il était plus jeune, il avait des amis **(imaginaire)**. _____

y) Ces monuments paraissent moins **(imposant)** vus de près. _____

CORRIGÉ À LA PAGE 25

CORRIGÉ DE L'ÉPREUVE DE QUALIFICATION

LE PLURIEL DES ADJECTIFS QUALIFICATIFS

1. Des marathoniens **ruisselants** de sueur franchirent le fil d'arrivée.

2. Les robots exécutent des gestes **machinaux**.

3. Les aliments sont stockés dans des entrepôts **frigorifiques**.

4. Ces jeunes l'accablaient de propos **calomnieux**.

5. Des avions **supersoniques** survolaient les environs.

6. Cette toile comporte des tons **subtils** de bleu.

7. Des journalistes communiqueront les décrets **ministériels**.

8. Ce mordu de maths effectue des calculs **mentaux**.

9. Les séismes et les ouragans sont des phénomènes **naturels**.

10. Nous visiterons des temples **hébreux**.

11. Ce tank a subi plusieurs impacts **brutaux**.

12. Les chats **angoras** perdent leurs poils sur le tapis.

13. Ces femmes revêtent des décolletés **profonds**.

14. Des édifices **mastoc** composent cette mégalopole.

15. Les discours de l'ambassadeur sont **interminables**.

16. Des vents **glacials/glaciaux** me gelaient les phalanges.

17. Les Aztèques procédaient à des sacrifices **rituels**.

18. Les croquis de cet artiste étaient plutôt **banals**.

19. Mégane captura des papillons **versicolores**.

20. Tu aimes caresser ses cheveux **soyeux** ?

21. Les milliardaires sont des gens très **ordinaires**.

22. Les exercices **matinaux** sont énergisants.

23. Cette parfumerie produit des arômes **rosat**.

24. Ses prouesses **légendaires** passèrent à l'histoire.

25. Des militants **pacifistes** organisent une marche.

CORRIGÉ DES EXERCICES D'ENTRAÎNEMENT

LE PLURIEL DES ADJECTIFS QUALIFICATIFS

ÉCHELON 1 ••• LE BLOC-NOTES

a) estivaux

b) palpitants

c) gastronomiques

d) floraux

e) vétustes

f) savoureux

g) complexes

h) défaillants

i) chorals/choraux

j) neufs

k) champêtres

l) indigènes

m) aventureux

n) zoologiques

o) clairs

p) désaltérants

q) tonifiants

r) forestiers

s) bizarres

t) caniculaires

ÉCHELON 2 ••• LE PENDU

a) désastr**eux**

b) patriarc**aux**

c) rébarbat**ifs**

d) pén**aux**

e) stric**ts**

f) planétai**res**

g) fondament**aux**

h) extravag**ants**

i) ambidext**res**

j) faci**aux**

k) indissolu**bles**

l) immort**els**

m) nupti**aux**

n) océani**ques**

o) suspe**cts**

p) labi**aux**

q) anonym**es**

r) atten**tifs**

s) piqua**nts**

t) flou**s**

ÉCHELON 3 ••• L'ACCORDÉON

a) abdominaux

b) douillets

c) vigilants

d) impitoyables

e) phénoménaux

f) audio

g) machinaux

h) grassouillets

i) tonals/tonaux

j) nus

k) translucides

l) paroissiaux

m) affectueux

n) chatouilleux

o) gagas

p) nouveaux

q) exquis

r) épais

s) catastrophiques

t) chics

u) beaux

v) concrets

w) occasionnels

x) imaginaires

y) imposants

LES ADJECTIFS QUALIFICATIFS COMPOSÉS

ÉPREUVE DE QUALIFICATION

Accordez correctement les adjectifs qualificatifs composés placés entre parenthèses.

1. Ses rideaux sont fixés avec des bandes **(auto-adhésif)**. _____

2. Nous dégusterons cette tomate **(frais cueilli)**. _____

3. Les portes **(large ouvert)** laissaient entrer les moustiques.

4. Ce psychiatre traite des patients **(maniaco-dépressif)**. _____

5. Les couturiers présentent leurs vêtements **(prêt-à-porter)**. _____

6. Le calcium et le strontium sont des métaux **(alcalino-terreux)**.

7. Ces contrées **(néo-zélandais)** sont montagneuses. _____

8. Cette **(soi-disant)** voyante m'a prédit un accident ! _____

9. Le dentiste leur fait porter des appareils **(bucco-dentaire)**. _____

10. L'arménien est une langue **(indo-européen)**. _____

11. Nous élevons des chevaux **(pur sang)**. _____

12. L'industrie **(agro-alimentaire)** périclite. _____

13. Une personne **(sourd-muet)** communique par signes. _____

14. Ce gouvernement adoptera une politique **(tiers-mondiste)**. _____

15. Les voyages **(spatio-temporel)** semblaient impossibles. _____

16. L'essence est moins chère dans les stations **(libre-service)**. _____

17. Dans ce musée, on expose des œuvres **(néo-classique)**. _____

18. Les hanches **(à demi couvert)**, elle dansait frivolement. _____

19. Ça semble bizarre, mais c'est une tradition **(nord-africain)**. _____

20. J'espère que tu n'inviteras pas ton amie **(rabat-joie)**. _____

21. Mon chat perçoit des choses qui sont **(extra-sensible)**. _____

22. Les délinquants adoptent des attitudes **(non-conformiste)**. _____

23. Les habitations **(terre-neuvien)** sont très colorées. _____

24. Des navires **(long-courrier)** transportent des marchandises. _____

25. Apportez une aide financière aux pays **(sous-développé)**. _____

JUGE

CORRIGÉ À LA PAGE 31

CHEZ L'ENTRAÎNEUR

À la manière des noms composés, les adjectifs qualificatifs composés s'accordent selon la nature des mots qui les composent:

Lorsque l'adjectif qualificatif composé est formé de deux adjectifs qualifiant le même nom, les deux éléments s'accordent en genre et en nombre:

> Ex.: *Ces sauces **aigres-douces** rehaussent les mets chinois.*
> *Les partis **sociaux-démocrates** auront l'appui de la population.*

Sauf MORT qui demeure invariable devant le participe passé NÉ:

> Ex.: *Cette brebis a accouché d'agneaux **mort-nés**.*

Lorsque l'adjectif qualificatif composé est formé d'un adjectif présentant la désinence I ou O suivi d'un autre adjectif, le premier élément reste invariable et le second s'accorde en genre et en nombre:

> Ex.: *Ce dramaturge écrit des pièces **tragi-comiques**.*
> *Ce musée possède une collection de statues **gréco-romaines**.*

Lorsque l'adjectif qualificatif composé est formé d'un adverbe, d'une préposition, d'un préfixe ou d'un verbe suivi d'un adjectif, le premier élément reste invariable et le second s'accorde en genre et en nombre:

> Ex.: *Le médecin lui fera une injection **sous-cutanée**.*
> *Son mouchoir est tissé de soie **extra-fine**.*

Sauf TOUT-PUISSANT qui varie seulement au féminin ainsi qu'au féminin pluriel:

> Ex.: *Les despotes **tout-puissants** régnaient sur cette contrée.*
> *Les religions **toutes-puissantes** accueillent de nouveaux fidèles.*

Lorsque l'adjectif qualificatif composé est formé d'un adjectif à valeur adverbiale suivi d'un autre adjectif, le premier élément reste invariable et le second s'accorde en genre et en nombre:

> Ex.: *Ces demoiselles **court-vêtues** attirent les regards des hommes.*
> *Les fonctionnaires **haut placés** prennent les vraies décisions.*

Sauf BON, FRAIS, GRAND, LARGE et NOUVEAU (pas devant le part. passé NÉ) qui s'accordent:

> Ex.: *Cette étudiante est arrivée **bonne première** à l'examen de fin d'études.*
> *Les fenêtres **grandes ouvertes** laissaient entrer la brise matinale.*

Sauf IVRE et RAIDE devant MORT:

> Ex.: *Ces ivrognes étaient **ivres morts** tant ils avaient consommé de l'alcool.*
> *Ces femmes sont tombées **raides mortes** en apercevant les fantômes.*

Lorsque l'adjectif qualificatif composé est formé d'un nom et d'un adjectif qui le qualifie, ce dernier s'accorde avec ce nom, mais l'ensemble reste invariable:

> Ex.: *Marielle lisait un roman **fleur bleue**.*
> *Ces hommes d'affaires portent des complets **bon chic bon genre**.*

Lorsque l'adjectif qualificatif composé est dérivé d'un nom composé, le premier élément reste invariable et le second s'accorde en genre et en nombre:

> Ex.: *Les cultures **extrême-orientales** diffèrent d'un pays à l'autre.*
> *Les Luxembourgeois sont des Français **grand-ducaux**.*

À L'ENTRAÎNEMENT

〔-〕 ÉCHELON 1 ••• LE CLASSEUR

Classez chacun des adjectifs qualificatifs composés dans la bonne chemise selon qu'il est variable ou non.

à court · à croquer · agro-pastoral · à la gomme · cérébro-spinal
· comico-fantastique · de tous les diables · extra-lucide · franc-comtois
· gallo-romain · héroï-comique · hors la loi · italo-québécois · libéro-ligneux
· libre-échangiste · ni chair ni poisson · nivo-pluvial · sans le sou · sans limites
· sans-souci · semi-rigide · sous-seing · sud-américain · super brillant · ultra-marin

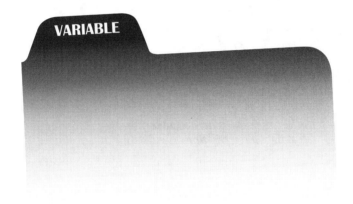

VARIABLE

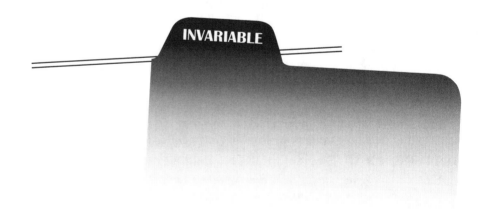

INVARIABLE

CORRIGÉ À LA PAGE 32

ÉCHELON 2 ••• **LE CADRE**

Encadrez l'adjectif qualificatif composé qui est bien accordé.

a) Le gouvernement prendra des dispositions **anti-inflationniste/anti-inflationnistes**.

b) Stéphanie a déjà été **haut placée/haute placée** dans cette organisation.

c) Nous n'avons pas vu les signes **avant-coureur/avant-coureurs** de cette tempête.

d) Avec son charme, Casanova ensorcelait ses maîtresses **bien-aimé/bien-aimées**.

e) Après l'entraînement, ses amies étaient à **demi-mort/demi-mortes** de soif.

f) Des géologues étudient les dépôts **fluvio-glaciaires/fluvios-glaciaires**.

g) Aux Oscars, ces vedettes portaient des tenues **de bon ton/de bons tons**.

h) Ses fameuses soirées mondaines étaient toujours **sans fin/sans fins**.

i) Lors de l'entrevue, les questions posées furent **non directif/non directives**.

j) Les chiots **tout-fou/tout-fous** sautaient sur le divan et mangeaient mes pantoufles.

k) Des robots remplacent les ouvriers de l'ère **post-industrielle/poste-industrielle**.

l) Ces cascadeurs **risque-tout/risquent-tout** exécuteront des sauts périlleux.

m) Paula aime bien caresser les joues **frais rasé/fraîches rasées** de Simon.

n) J'aimerais me débarrasser de mes locataires **casse-pieds/casses-pieds**.

o) Les passagères sortirent **sain et sauf/saines et sauves** du carambolage.

p) Des piétons **sans-gêne/sans-gênes** ont piétiné mes plates-bandes.

q) Ces patins semblaient pourtant **flambant neufs/flambants neufs**.

r) Des problèmes **socio-économiques/sociaux-économiques** touchent cette région.

s) Ce casse-cou fait preuve d'une témérité **hors du commun/hors de la commune**.

t) On ne peut pas dire que ses chats sont **sous-alimenté/sous-alimentés**.

ÉCHELON 3 ••• L'ACCORDÉON

Accordez correctement les adjectifs qualificatifs composés qui sont entre parenthèses.

a) Les politiques **(anglo-saxon)** permirent l'essor de l'empire. _____

b) Ses yeux sont **(mi-clos)**, mais il ne peut pas vous voir. _____

c) Les propos de ce professeur **(pince-sans-rire)** m'indisposent. _____

d) Elle incarna la marâtre **(sans-cœur)** dans la pièce *Aurore*. _____

e) L'**(avant-dernier)** concurrente remporta le magot. _____

f) Ces dispositifs **(dynamo-électrique)** datent de vingt ans. _____

g) Des implants **(sous-cutané)** permettront de le localiser. _____

h) Les chercheurs découvrirent des éléments **(intra-atomique)**. _____

i) Ces délinquants fréquentaient les quartiers **(mal famé)**. _____

j) Les chasseurs utilisent des armes **(semi-automatique)**. _____

k) Les victimes de l'accident étaient plutôt **(mal-en-point)**. _____

l) Les personnes **(sans emploi)** bénéficient de l'aide sociale. _____

m) En France, nous avons visité des églises **(néo-gothique)**. _____

n) L'excédent de sébum obstrue vos follicules **(pilo-sébacé)**. _____

o) À la maternelle, ils participent à des jeux **(sensori-moteur)**. _____

p) Les relations **(franco-américain)** étaient plutôt houleuses. _____

q) Les forêts **(nord-vietnamien)** regorgent de fleurs exotiques. _____

r) Ces poulains **(long-jointé)** ne pourront être de la course. _____

s) Florian attendait les résultats de l'enquête **(médico-légal)**. _____

t) Chloé s'est procuré des souliers **(bon marché)**. _____

u) Stella était **(à faire peur)** avec cet horrible masque. _____

v) Mes grands-parents sont un peu **(dur de la feuille)**. _____

w) Des patineurs **(hors pair)** glissaient sur la patinoire. _____

x) Sylvain lisait des ouvrages **(bien-pensant)**. _____

y) Cette mendiante **(mal fichu)** devrait consulter un médecin. _____

CORRIGÉ **À LA PAGE** 33

CORRIGÉ DE L'ÉPREUVE DE QUALIFICATION

LES ADJECTIFS QUALIFICATIFS COMPOSÉS

1. Ses rideaux sont fixés avec des bandes **auto-adhésives**.

2. Nous dégusterons cette tomate **fraîche cueillie**.

3. Les portes **larges ouvertes** laissaient entrer les moustiques.

4. Ce psychiatre traite des patients **maniaco-dépressifs**.

5. Les couturiers présentent leurs vêtements **prêts-à-porter**.

6. Le calcium et le strontium sont des métaux **alcalino-terreux**.

7. Ces contrées **néo-zélandaises** sont montagneuses.

8. Cette **soi-disant** voyante m'a prédit un accident !

9. Le dentiste leur fait porter des appareils **bucco-dentaires**.

10. L'arménien est une langue **indo-européenne**.

11. Nous élevons des chevaux **pur sang**.

12. L'industrie **agro-alimentaire** périclite.

13. Une personne **sourde-muette** communique par signes.

14. Ce gouvernement adoptera une politique **tiers-mondiste**.

15. Les voyages **spatio-temporels** semblaient impossibles.

16. L'essence est moins chère dans les stations **libre-service**.

17. Dans ce musée, on expose des œuvres **néo-classiques**.

18. Les hanches **à demi couvertes**, elle dansait frivolement.

19. Ça semble bizarre, mais c'est une tradition **nord-africaine**.

20. J'espère que tu n'inviteras pas ton amie **rabat-joie**.

21. Mon chat perçoit des choses qui sont **extra-sensibles**.

22. Les délinquants adoptent des attitudes **non-conformistes**.

23. Les habitations **terre-neuviennes** sont très colorées.

24. Des navires **long-courriers** transportent des marchandises.

25. Apportez une aide financière aux pays **sous-développés**.

CORRIGÉ DES EXERCICES D'ENTRAÎNEMENT

LES ADJECTIFS QUALIFICATIFS COMPOSÉS

ÉCHELON 1 ••• LE CLASSEUR

VARIABLE

AGRO-PASTORAL
CÉRÉBRO-SPINAL
COMICO-FANTASTIQUE
EXTRA-LUCIDE
FRANC-COMTOIS
GALLO-ROMAIN
HÉROÏ-COMIQUE
ITALO-QUÉBÉCOIS
LIBÉRO-LIGNEUX
LIBRE-ÉCHANGISTE
NIVO-PLUVIAL

SEMI-RIGIDE
SUD-AMÉRICAIN
SUPER BRILLANT
ULTRA-MARIN

INVARIABLE

À COURT
À CROQUER
À LA GOMME
DE TOUS LES DIABLES
HORS LA LOI
NI CHAIR NI POISSON
SANS-LE-SOU
SANS LIMITES
SANS-SOUCI
SOUS-SEING

ÉCHELON 2 ••• LE CADRE

a) anti-inflationnistes

b) haut placée

c) avant-coureurs

d) bien-aimées

e) demi-mortes

f) fluvio-glaciaires

g) de bon ton

h) sans fin

i) non directives

j) tout-fous

k) post-industrielle

l) risque-tout

m) fraîches rasées

n) casse-pieds

o) saines et sauves

p) sans-gêne

q) flambant neufs

r) socio-économiques

s) hors du commun

t) sous-alimentés

ÉCHELON 3 ••• L'ACCORDÉON

a) anglo-saxonnes

b) mi-clos

c) pince-sans-rire

d) sans-cœur

e) avant-dernière

f) dynamo-électriques

g) sous-cutanés

h) intra-atomiques

i) mal famés

j) semi-automatiques

k) mal-en-point

l) sans emploi

m) néo-gothiques

n) pilo-sébacés

o) sensori-moteurs

p) franco-américaines

q) nord-vietnamiennes

r) long-jointés

s) médico-légale

t) bon marché

u) à faire peur

v) durs de la feuille

w) hors pair

x) bien-pensants

y) mal fichue

LES ADJECTIFS DE COULEUR

ÉPREUVE DE QUALIFICATION

Accordez correctement les adjectifs de couleur qui sont soulignés.

1. Je me suis débarrassé de mes costumes **beige**. _____

2. Ses joues deviennent **rouge tomate** à cause du froid. _____

3. Les militaires portent des uniformes **kaki**. _____

4. Les kilts écossais sont **bleu marine** et **vert sapin**. _____

5. Des jonquilles **jaunâtre** poussent dans le parc. _____

6. Les vestons **café** sont toujours à la mode. _____

7. Les armoires **chocolat** assombrissent la pièce. _____

8. J'ai égaré mes crayons **bleu pâle**. _____

9. Mon bébé porte une grenouillère **blanc et corail**. _____

10. Sa peau était **noir** comme de la suie. _____

11. Mes draps **lavande** sèchent sur la corde à linge. _____

12. Les citrouilles deviennent **orangé** à l'automne. _____

13. Ces tapis **rose** vieillissent le décor. _____

14. Ses cheveux **brun foncé** flottaient au gré du vent. _____

15. Des rideaux **vert olive** encadraient la fenêtre. _____

16. Où as-tu rangé ma robe **rouge** et **bleu**? _____

17. J'ai plié mes chandails **jaune**, **vert** et **pourpre**. _____

18. Ces kimonos **gorge-de-pigeon** scintillent sous la lumière. _____

19. Cette vaissellerie **bleu azur** est magnifique! _____

20. Le plancher de la cuisine est recouvert de carreaux **ardoise**. _____

21. Ce matin, j'ai cueilli un bouquet de fleurs **écarlate**. _____

22. Cette boutique vend des blouses **fuchsia**. _____

23. Sa chambre est meublée de commodes **acajou**. _____

24. Les feuilles **ocre** illuminent le paysage. _____

25. Des taches **lie-de-vin** recouvraient sa peau. _____

CORRIGÉ À LA PAGE 39

CHEZ L'ENTRAÎNEUR

Le niveau de difficulté associé à l'accord des adjectifs de couleur est relié à leur origine et à leur nature:

Les adjectifs de couleur qui expriment une couleur employée seule s'accordent en genre et en nombre:

Ex.: *Certaines variétés de champignons **bruns** ou **blanchâtres** sont vénéneuses.*
*Cette cage renferme des perruches **bleues** et des serins **jaunes**.*

Les adjectifs de couleur qui sont habituellement employés comme noms (fruits, fleurs, pierres précieuses, etc.) demeurent invariables:

Ex.: *Dans ce château, des papiers peints **aubergine** dissimulent les traces du passé.*
*Ce jeune homme aux yeux **noisette** séduirait n'importe quelle jeune femme.*

Exceptions à retenir: ***écarlate, fauve, incarnat, pourpre** et **rose*** s'accordent en genre et en nombre.

Les adjectifs de couleur composés de deux adjectifs, d'un adjectif et d'un nom, ou d'un adjectif suivi d'un complément demeurent invariables:

Ex.: *Le vin est ensuite coulé dans des bouteilles **vert absinthe**.*
*Donne-moi les papiers **gris-bleu** et les cartons **mauve pâle**.*

Lorsque plusieurs adjectifs de couleur juxtaposés se rapportent au même objet, ils demeurent invariables:

Ex.: *Les étoffes **bleu** et **or** sont caractéristiques de la royauté française.*
*Le 4 juillet, les Américains fêtent leurs drapeaux **bleu, blanc, rouge**.*

Lorsque plusieurs adjectifs de couleur juxtaposés se rapportent à des objets différents, ils s'accordent en genre et en nombre:

Ex.: *Les voiliers à la coque **verte** et **blanche** ne terminèrent pas la course.*
*Je me suis procuré des souliers **bruns, caramel** et **noirs** pour le travail.*

Les adjectifs de couleur qui suivent le mot *couleur* demeurent invariables.

Ex.: *Les correcteurs utilisent des stylos de **couleur rouge**.*
*Ces bêtes de **couleur fauve** semblent terriblement féroces.*

À L'ENTRAÎNEMENT

◖◗ ÉCHELON 1 ••• L'ACCORDÉON

Accordez correctement les adjectifs de couleur qui sont soulignés.

a) Christine a fait couper sa jolie chevelure **blond cendré**. _____

b) Ces ongles **vermillon** lui donnent une allure sauvage. _____

c) Les voleurs ciblent les voitures **noir**, **rouge** et **argenté**. _____

d) Il est temps de polir les toitures **vert-de-gris** du manoir. _____

e) Les parquets **ébène** réfléchissent les rayons du soleil. _____

f) Ce poupon porte des vêtements **bleu poudre**. _____

g) Qui a dépouillé la duchesse de ses bijoux **turquoise** ? _____

h) Ces moines s'habillent de toges **marron** et **safran**. _____

i) Sortez vos cahiers **vert** et inscrivez la date. _____

j) Ma grand-mère m'a tricoté des moufles **moutarde**. _____

k) Ta cravate **bleu marine** fera sûrement l'affaire. _____

l) La tempête a endommagé mes clématites **violet**. _____

m) Cette femme porte des lentilles **vert émeraude**. _____

n) Elle a déchiré ses bas résille de **couleur chair**. _____

o) Cette perruque **châtain foncé** te va à merveille ! _____

p) Jeanne avait mis ses escarpins **bourgogne** pour danser. _____

q) J'ai bien tenté d'enlever ces bavures **violâtre** sur les murs. _____

r) Des ballons **indigo** voltigeaient parmi les clochers. _____

s) Benjamin a ramassé des cailloux **gris perle** sur la grève. _____

t) Anne dénoue ses tresses **carotte** avant de se coucher. _____

u) La peau **cuivré** des matelots est parsemée de tatouages. _____

v) Rémi a appliqué une teinture **chamois** sur la terrasse. _____

w) Des flammes **rouge-orangé** dansaient dans l'âtre. _____

x) Je craque pour la livrée **cannelle** et **blanc** des faons. _____

y) Sharon revoyait les champs **verdoyant** d'Irlande. _____

CORRIGÉ À LA PAGE 40

◁●▷ **ÉCHELON 2** ••• **LE CROCHET**

Cochez les adjectifs de couleur qui sont correctement accordés.

☐ des colères bleues

☐ des crinières roussâtres

☐ des tissus feuilles-mortes

☐ des nuits noires d'encre

☐ des boucles jaune doré

☐ des vins rosés

☐ des toiles sang-de-bœuf

☐ des porcelaines tilleul

☐ des chemises pelure d'oignons

☐ des ustensiles bronzes

☐ des feuillages verts pâles

☐ des coussins tabac

☐ des tables cognac

☐ des taxis canaris

☐ des bières ambrées

☐ des lèvres bordeaux

☐ des draperies pistaches

☐ des bandanas amarantes

☐ des gerbilles café-au-lait

☐ des papiers jaunâtre

CORRIGÉ **À LA PAGE** 40

🎽 ÉCHELON 3 ••• LA MISSIVE

Accordez correctement les adjectifs de couleur mis en caractères gras dans le texte ci-dessous.

Chère Églantine,

Je me suis enfin payé des vacances de rêve! Les îles Hawaï, avec leurs montagnes **vert épinard a)** _____, *semblent flotter dans les flots* **cyan b)** _____ *du Pacifique. J'ai visité des jardins tropicaux aux orchidées* **rose vif c)** _____, *aux anthuriums* **carmin d)** _____ *et aux hibiscus* **citrin e)** _____. *Bien sûr, j'avais apporté ma jolie camisole* **blanc f)** _____, *mes vieilles sandales* **havane g)** _____ *et mes fichus* **coquille d'œuf h)** _____.*

Samedi, j'ai assisté à un spectacle où les vedettes étaient des oiseaux exotiques tels que des cacatoès à la huppe **gris i)** _____, *des loriquets aux fines plumes* **jade j)** _____ *ainsi que des aras à l'impressionnante plumée* **tango**, **soufre** *et* **saphir k)** _____.*

Les rayons **doré l)** _____ *du soleil brillent en permanence ici: d'insignifiants nuages* **gris clair m)** _____ *traversent parfois le ciel... Heureusement que Firmin et moi avons laissé nos imperméables* **jaune serin n)** _____ *à la maison.*

Aux premières lueurs du matin, nous marchons sur la plage en exhibant nos maillots **bleu foncé o)** _____ *et en trimbalant nos serviettes* **rouge p)** _____. *Le sable, avec ses grains* **beigeâtre q)** _____, *nous chauffe les talons; les vagues* **aigue-marine r)** _____ *nous chatouillent les orteils.*

Demain, je pars seule en expédition sur les volcans dormants de Maui. Je vais y ramasser des pierres volcaniques **rouille s)** _____ *ainsi que des petites pierres* **noir de jais t)** _____.*

Ta cousine Charlotte

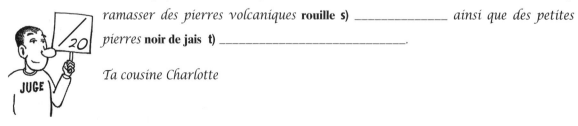

CORRIGÉ DE L'ÉPREUVE DE QUALIFICATION

LES ADJECTIFS DE COULEUR

1. Je me suis débarrassé de mes costumes **beiges**.

2. Ses joues deviennent **rouge tomate** à cause du froid.

3. Les militaires portent des uniformes **kaki**.

4. Les kilts écossais sont **bleu marine** et **vert sapin**.

5. Des jonquilles **jaunâtres** poussent dans le parc.

6. Les vestons **café** sont toujours à la mode.

7. Les armoires **chocolat** assombrissent la pièce.

8. J'ai égaré mes crayons **bleu pâle**.

9. Mon bébé porte une grenouillère **blanc** et **corail**.

10. Sa peau était **noire** comme de la suie.

11. Mes draps **lavande** sèchent sur la corde à linge.

12. Les citrouilles deviennent **orangées** à l'automne.

13. Ces tapis **roses** vieillissent le décor.

14. Ses cheveux **brun foncé** flottaient au gré du vent.

15. Des rideaux **vert olive** encadraient la fenêtre.

16. Où as-tu rangé ma robe **rouge** et **bleu** ?

17. J'ai plié mes chandails **jaunes**, **verts** et **pourpres**.

18. Ces kimonos **gorge-de-pigeon** scintillent sous la lumière.

19. Cette vaissellerie **bleu azur** est magnifique !

20. Le plancher de la cuisine est recouvert de carreaux **ardoise**.

21. Ce matin, j'ai cueilli un bouquet de fleurs **écarlates**.

22. Cette boutique vend des blouses **fuchsia**.

23. Sa chambre est meublée de commodes **acajou**.

24. Les feuilles **ocre** illuminent le paysage.

25. Des taches **lie-de-vin** recouvraient sa peau.

CORRIGÉ DES EXERCICES D'ENTRAÎNEMENT

LES ADJECTIFS DE COULEUR

ÉCHELON 1 ••• L'ACCORDÉON

a) blond cendré

b) vermillon

c) noires, rouges et argentées

d) vert-de-gris

e) ébène

f) bleu poudre

g) turquoise

h) marron et safran

i) verts

j) moutarde

k) bleu marine

l) violettes

m) vert émeraude

n) couleur chair

o) châtain foncé

p) bourgogne

q) violâtres

r) indigo

s) gris perle

t) carotte

u) cuivrée

v) chamois

w) rouge-orangé

x) cannelle et blanc

y) verdoyants

ÉCHELON 2 ••• LE CROCHET

☑ des colères bleues

☑ des crinières roussâtres

☐ des tissus feuille morte

☐ des nuits noir d'encre

☑ des boucles jaune doré

☑ des vins rosés

☑ des toiles sang-de-bœuf

☑ des porcelaines tilleul

☐ des chemises pelure d'oignon

☐ des ustensiles bronze

☐ des feuillages vert pâle

☑ des coussins tabac

☑ des tables cognac

☐ des taxis canari

☑ des bières ambrées

☑ des lèvres bordeaux

☐ des draperies pistache

☐ des bandanas amarante

☑ des gerbilles café-au-lait

☐ des papiers jaunâtres

ÉCHELON 3 ••• LA MISSIVE

a) vert épinard

b) cyan

c) rose vif

d) carmin

e) citrins

f) blanche

g) havane

h) coquille d'œuf

i) grise

j) jade

k) tango, soufre et saphir

l) dorés

m) gris clair

n) jaune serin

o) bleu foncé

p) rouges

q) beigeâtres

r) aigue-marine

s) rouille

t) noir de jais

LES ABRÉVIATIONS, LES SIGLES ET LES SYMBOLES

ÉPREUVE DE QUALIFICATION

Donnez la signification ou l'équivalent du terme ou du symbole mis en caractères gras.

1. Que signifie le symbole **$** ?

2. Par quelle abréviation peut-on remplacer **avant Jésus-Christ** ?

3. Que signifie l'abréviation **env.** ?

4. Par quel symbole peut-on remplacer **et** ?

5. Que signifie le symbole **%** ?

6. Par quel sigle peut-on remplacer **président-directeur général** ?

7. Que signifie l'acronyme **ovni** ?

8. Par quel symbole peut-on remplacer **décimètre** ?

9. Que signifie le sigle **RSVP** ?

10. Par quelle abréviation peut-on remplacer **boulevard** ?

11. Que signifie le symbole **π** ?

12. Par quel symbole peut-on remplacer **gigaoctet** ?

13. Que signifie le sigle **PME** ?

14. Par quelle abréviation peut-on remplacer **figure** ?

15. Que signifie le symbole chimique **He** ?

16. Par quel symbole peut-on remplacer **euro** ?

17. Que signifie l'acronyme **SIDA** ?

18. Par quel sigle peut-on remplacer **marque déposée** ?

19. Que signifie l'abréviation **pop.** ?

20. Par quel symbole peut-on remplacer **magnésium** ?

21. Que signifie le symbole **<** ?

22. Par quel sigle peut-on remplacer **taxe de vente du Québec** ?

23. Que signifie l'abréviation **auj.** ?

24. Par quel symbole peut-on remplacer **ultraviolet** ?

25. Que signifie l'acronyme **CHU** utilisé dans le domaine de la santé ?

CORRIGÉ À LA PAGE 46

Chez l'entraîneur

Dans une société où économie de temps et d'espace sont de mise, l'usage d'abréviations, de sigles et de symboles devient extrêmement répandu. On a souvent recours à ces diminutifs (de noms communs et de noms propres) dans les petites annonces et les dictionnaires:

L'abréviation est la réduction d'un mot à certaines de ses lettres. Le plus souvent, on abrège devant la voyelle de l'avant-dernière syllabe audible, et on ajoute un point à la fin:

Ex.: *supplément → suppl.*
téléphone → tél.

Toutefois, on peut supprimer plus de lettres s'il n'y a pas risque de confusion ou éliminer certaines lettres à l'intérieur du mot tout en conservant la dernière (dans ce cas précis, nul besoin d'ajouter un point à la fin):

Ex.: *quelque chose → qqch.*
quelqu'un → qqn

Le sigle est une abréviation composée des lettres initiales ou des premières lettres (mises en majuscules) de plusieurs mots qui constituent une expression. L'acronyme est un sigle qui se prononce comme un mot ordinaire et qui, lorsqu'il est fréquemment utilisé, peut s'écrire en lettres minuscules. Enfin, l'ajout de points n'est pas nécessaire:

Ex.: *bande dessinée → BD* ou *bd*
collège d'enseignement général et professionnel → cégep ou *CÉGEP*

Le symbole est un signe conventionnel composé d'une ou de plusieurs lettres minuscules ou majuscules ou d'un dessin élémentaire. Il est surtout utilisé pour représenter les unités de mesures (poids, distance, vitesse, etc.) ou pour désigner des éléments chimiques ou des unités monétaires:

Ex.: *livre sterling → £*
arobas (a commercial) → @

À L'ENTRAÎNEMENT

⊶ ÉCHELON 1 ••• LE CROCHET

Dans chacune des phrases suivantes, on a souligné une abréviation, un sigle ou un symbole. Cochez les phrases où l'élément souligné correspond à la définition.

☐ Le symbole **©/®** signifie «marque de commerce».

☐ L'acronyme **REER/RÉER** signifie «régime enregistré d'épargne-retraite».

☐ Le sigle **CHSLD/CLSC** signifie «centre local de services communautaires».

☐ L'abréviation **app./appt** signifie «appartement».

☐ Le sigle **TAGV/TGV** signifie «train à grande vitesse».

☐ Le symbole **¶/ℭ** signifie «paragraphe».

☐ L'abréviation **gouv./gouvnt** signifie «gouvernement».

☐ Le symbole **F/Fe** signifie «fer».

☐ Le sigle **MRC/MRDC** signifie «municipalité régionale de comté».

☐ Le symbole **Ω/≊** signifie «planète Uranus».

☐ L'abréviation **qqf./qqfs** signifie «quelquefois».

☐ Le symbole **ha/Ha** signifie «hectare».

☐ Le sigle **NAS/NDS** signifie «numéro d'assurance sociale».

☐ L'abréviation **fasc./fascic.** signifie «fascicule».

☐ Le symbole **Z/N** signifie «azote».

☐ Le sigle **MLF/MDLDF** signifie «Mouvement de libération des femmes».

☐ Le symbole **⊄/∉** signifie «n'est pas inclus».

☐ L'abréviation **assoc./associat.** signifie «association».

☐ Le sigle **RR/RORU** signifie «route rurale».

☐ Le symbole **Pb/Pl** signifie «plomb».

CORRIGÉ À LA PAGE 47

ÉCHELON 2 ••• L'ASSOCIÉ

À côté de chaque abréviation, sigle et symbole, inscrivez sa signification en vous référant à la liste fournie dans le rectangle ci-dessous.

a) Le symbole **Zn** _____

b) Le sigle **CAF** _____

c) Le symbole **Ψ** _____

d) L'abréviation **univ.** _____

e) Le sigle **HLM** _____

f) Le sigle **TTC** _____

g) L'abréviation **p. ext.** _____

h) Le sigle **SLND** _____

i) Le symbole **NaCl** _____

j) L'acronyme **PEPS** _____

k) Le symbole **GHz** _____

l) Le sigle **ACV** _____

m) L'abréviation **dict.** _____

n) Le symbole **¥** _____

o) L'abréviation **exp.** _____

p) Le sigle **VDFR** _____

q) L'acronyme **NIP** _____

r) Le symbole **dam**^{2} _____

s) L'abréviation **c. c.** _____

t) Le sigle **BPC** _____

- virage à droite sur feu rouge
- premier entré, premier servi
- la planète Neptune
- toutes taxes comprises
- décamètre carré
- sans lieu ni date
- accident cérébro-vasculaire
- dictionnaire
- coût, assurance, fret
- copie conforme
- yen (unité monétaire du Japon)
- sel (chlorure de sodium)
- expéditeur
- biphényle polychloré
- numéro d'identification personnel
- par extension
- gigahertz
- université
- habitation à loyer modique
- zinc

JUGE

CORRIGÉ DE L'ÉPREUVE DE QUALIFICATION

LES ABRÉVIATIONS, LES SIGLES ET LES SYMBOLES

1. Que signifie le symbole **$**?   **dollar(s)**

2. Par quelle abréviation peut-on remplacer **avant Jésus-Christ**? **av. J.-C.**

3. Que signifie l'abréviation **env.**?   **environ**

4. Par quel symbole peut-on remplacer **et**?   **&**

5. Que signifie le symbole **%**?   **pour cent/pourcentage**

6. Par quel sigle peut-on remplacer **président-directeur général**? **PDG (ou P.D.G.)**

7. Que signifie l'acronyme **ovni**?   **objet volant non identifié**

8. Par quel symbole peut-on remplacer **décimètre**?   **dm**

9. Que signifie le sigle **RSVP**?   **répondez, s'il vous plaît**

10. Par quelle abréviation peut-on remplacer **boulevard**?   **boul.**

11. Que signifie le symbole **π**?   **pi (valeur de 3,1416...)**

12. Par quel symbole peut-on remplacer **gigaoctet**?   **Go**

13. Quel signifie le sigle **PME**?   **petite et moyenne entreprise**

14. Par quelle abréviation peut-on remplacer **figure**?   **fig.**

15. Que signifie le symbole chimique **He**?   **hélium**

16. Par quel symbole peut-on remplacer **euro**?   **€**

17. Que signifie l'acronyme **SIDA**?   **syndrome immuno-déficitaire acquis**

18. Par quel sigle peut-on remplacer **marque déposée**?   **MD**

19. Que signifie l'abréviation **pop.**?   **populaire**

20. Par quel symbole peut-on remplacer **magnésium**?   **Mg**

21. Que signifie le symbole **<**?   **plus petit que**

22. Par quel sigle peut-on remplacer **taxe de vente du Québec**? **TVQ**

23. Que signifie l'abréviation **auj.**?   **aujourd'hui**

24. Par quel symbole peut-on remplacer **ultraviolet**?   **UV**

25. Que signifie l'acronyme **CHU** utilisé dans le domaine de la santé?   **centre hospitalier universitaire**

CORRIGÉ DES EXERCICES D'ENTRAÎNEMENT

LES ABRÉVIATIONS, LES SIGLES ET LES SYMBOLES

ÉCHELON 1 ••• LE CROCHET

☐ Le symbole © signifie «marque de commerce».

☑ L'acronyme **REER** signifie «régime enregistré d'épargne-retraite».

☑ Le sigle **CLSC** signifie «centre local de services communautaires».

☐ L'abréviation **app.** signifie «appartement».

☐ Le sigle **TGV** signifie «train à grande vitesse».

☐ Le symbole ¶ signifie «paragraphe».

☑ L'abréviation **gouv.** signifie «gouvernement».

☑ Le symbole **FE** signifie «fer».

☑ Le sigle **MRC** signifie «municipalité régionale de comté».

☐ Le symbole Ω signifie «planète Uranus».

☐ L'abréviation **qqf.** signifie «quelquefois».

☐ Le symbole **ha** signifie «hectare».

☑ Le sigle **NAS** signifie «numéro d'assurance sociale».

☐ L'abréviation **fasc.** signifie «fascicule».

☐ Le symbole **N** signifie «azote».

☑ Le sigle **MLF** signifie «Mouvement de libération des femmes».

☑ Le symbole ⊄ signifie «n'est pas inclus».

☐ L'abréviation **assoc.** signifie «association».

☐ Le sigle **RR** signifie «route rurale».

☐ Le symbole **Pb** signifie «plomb».

ÉCHELON 2 ••• L'ASSOCIÉ

a) zinc

b) coût, assurance, fret

c) la planète Neptune

d) université

e) habitation à loyer modique

f) toutes taxes comprises

g) par extension

h) sans lieu ni date

i) sel (chlorure de sodium)

j) premier entré, premier servi

k) gigahertz

l) accident cérébro-vasculaire

m) dictionnaire

n) yen (unité monétaire du Japon)

o) expéditeur

p) virage à droite sur feu rouge

q) numéro d'identification personnel

r) décamètre carré

s) copie conforme

t) biphényle polychloré

BIBLIOGRAPHIE

BACCUS, **Nathalie**. *Orthographe française*, Paris, Éditions J'ai Lu, 2003. 93 p.
ISBN 2-290332-18-6. (Librio – Mémo).

CAJOLET-LAGANIÈRE, **Hélène**, et **Noëlle GUILLOTON**. *Le français au bureau*, 5ᵉ éd.,
Sainte-Foy, Les Publications du Québec, 2000. 503 p. ISBN 2-551-18191-7.

CHOUINARD, **Camil**. *1300 pièges du français parlé et écrit*, 2ᵉ éd., Montréal,
Éditions La Presse, 2003, 316 p. ISBN 2-923194-02-0.

DE VILLIERS, **Marie-Éva**. *Multi dictionnaire de la langue française*, 4ᵉ éd., Montréal,
Québec Amérique, 2005, 1542 p. ISBN 2-7644-0203-1.

DUBOIS, **Jean**, Françoise **DUBOIS-CHARLIER** et **Claude KANNAS**. *Orthographe*,
Paris, Larousse, 1995, 192 p. ISBN 2-03-800124-3. (Larousse Livres de bord).

DUBOIS, **Jean**, et **René LAGANE**. *Grammaire, Paris*, Larouse-Bordas, 1997, 192 p.
ISBN 2-03-800124-1. (Larousse Livres de bord).

FONTAINE, **Jean**, **Jean SAINT-GERMAIN** et **Geneviève TARDIF**. *Le grand druide des synonymes*,
Montréal, Québec Amérique, 2003, 1228 p. ISBN 2-7644-0115-9.

FOREST, **Constance**, et **Denise BOUDREAU**. *Dictionnaire des anglicismes, Le Colpron*,
Laval, Beauchemin, 1999, 381 p. ISBN 2-7616-1053-9.

LAGANE, **René**. *Difficultés grammaticales*, Paris, Larousse-Bordas, 1995, 160 p.
ISBN 2-03-800114-6. (Larousse Livres de bord).

LAURIN, **Jacques**. *Nos anglicismes : 2300 mots ou expressions à corriger*,
Montréal, Les Éditions de l'Homme, 2006, 366 p. ISBN 2-7619-2118-3.

RAMAT, **Aurel**. *Le Ramat de la typographie*, édition 2005, Montréal, Aurel Ramat, 2005,
224 p. ISBN 2-922366-03-0.

TANGUAY, **Bernard**. *L'art de ponctuer*, 3ᵉ éd., Montréal, Québec Amérique, 2006, 246 p.
ISBN 2-7644-0474-3.

V. THOMAS, **Adolphe**, et **Michel DE TORO**. *Dictionnaire des difficultés de la langue française*,
Paris, Larousse, 2004, 435 p. ISBN 2-03-571243-2.